Glamour pompös

Werden Sie zum Designer Ihrer eigenen Schmuckstücke aus hochwertigen Perlen!

Aus Kristall-Schliffperlen von Swarovski®, die durch ihren exakten Schliff und brillante Farben bestechen, und aus geheimnisvoll schimmernden Glas-Wachsperlen entstehen pompöse Ringe, Colliers, Anhänger und mehr.

Die verschiedenen Fädeltechniken werden genau und mit vielen Skizzen erklärt, sodass das Nacharbeiten ganz leicht ist. Ob Sie die Schmuckstücke für sich selbst nacharbeiten oder jemandem ein ganz besonderes Geschenk machen möchten – mit diesen Kreationen werden Sie garantiert Aufsehen erregen.

W0403420

Die Motive lassen sich in folgende Schwierigkeitsgrade unterteilen:

●○○ einfach ●●○ etwas schwieriger ●●● anspruchsvoll

LEGENDE

Am häufigsten verwendete Perlen:

- ○ Rocaille, ø 2 mm
- ◇ Swarovski®-Kristall-Schliffperle, ø 4 mm
- ◇ Swarovski®-Kristall-Schliffperle, ø 6 mm
- ◇ Swarovski®-Kristall-Schliffperle, ø 8 mm
- □ Swarovski®-Kristall-Würfel, 3 mm x 3 mm
- □ Swarovski®-Kristall-Würfel, 6 mm x 6 mm
- □ Swarovski®-Kristall-Würfel, 8 mm x 8 mm
- ○ Glas-Wachsperle, ø 4 mm
- ○ Glas-Wachsperle, ø 6 mm
- ○ Glas-Wachsperle, ø 8 mm
- ○ Glas-Wachsperle, ø 10 mm
- ○ Swarovski®-Kristallperle, ø 4 mm
- ○ Swarovski®-Kristallperle, ø 6 mm
- □ Quetschperle

Die wichtigsten Materialien

Kristall-Schliffperlen von Swarovski®

Kristall-Schliffperlen bestechen durch ihre klaren, wunderschönen Farben und ihren präzisen Schliff. Für die gezeigten Schmuckstücke werden verschiedene Formen verwendet.

Glas-Wachsperlen

Glas-Wachsperlen (z. B. Renaissance-Glaswachsperlen) zeichnen sich durch ihre hohe Qualität aus. Sie sind siebenfach verwachst, lichtecht, sehr schweißfest, stark abriebfest und sogar mit Handwäsche bei 30 °C waschbar. Sie sind in verschiedenen Farben und Größen erhältlich.

Perlen-Aufreihseide

In gut sortierten Fachgeschäften erhalten Sie Aufreihseide in verschiedenen Farben und Stärken, mit oder ohne am Faden fest angebrachter Nadel.

Perlen-Aufreihnadel

Spezielle Perlen-Aufreihnadeln haben einen sehr kleinen Durchmesser, sind lang und flexibel.
Sie werden für Arbeiten mit Aufreihseide ohne fest angebrachter Nadel benötigt.

Nylonfaden

Nylonfaden, ø 0,25 mm, wird für alle Ringe und einige andere Modelle benötigt.

Kunststoffummantelter Schmuckdraht

Kunststoffummantelter Stahldraht, ø 0,4 mm, wird in verschiedenen Farben angeboten.

Verschlüsse

Im gut sortierten Fachgeschäft sind verschiedene Modelle erhältlich.

Ringel

Ringel verbinden Quetschkalotte und Verschluss.

Spaltringe

Spaltringe werden als Verbindungselemente verwendet.

Quetschperlen

Quetschperlen sind Metallperlen, die mit einer Flachzange zusammengedrückt werden und so Nylonfaden, Schmuckdraht und Aufreihseide einklemmen. Sie werden zum Anbringen von Verschlüssen und Fixieren einzelner Perlen auf Schmuckdraht verwendet.

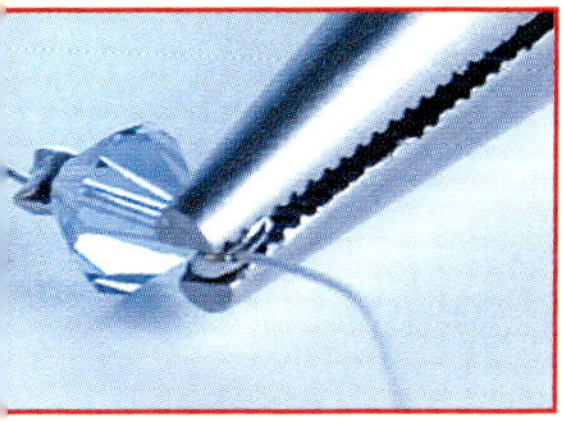

Quetschkalotten

Quetschkalotten werden zum Anbringen von Verschlüssen verwendet.

Hilfsmittel

Moosgummiplatte

Eine Moosgummiplatte als Arbeitsunterlage verhindert das Wegspringen der Perlen.

Alleskleber

Mit Alleskleber die verknoteten Nylonfäden bzw. Perlen-Aufreihseide sparsam betupfen und dadurch zusätzlich sichern.

Schere

Sehr kleine, spitze Schere zum Kürzen des Nylonfadens bzw. der Perlen-Aufreihseide.

Pinzette

Eine schmale, gerade und möglichst spitze Pinzette ist immer da eine große Hilfe, wo die Finger nicht mehr dazwischen kommen.

Kneifzange

Kleine Kneifzange zum Durchtrennen von Schmuckdraht.

Flachzange

Eine schmale Flachzange zum Zusammendrücken von Quetschperlen und Quetschkalotten.

Rundzange

Eine Rundzange um große Ösen selber zu biegen.

Zahnstocher

Als Hilfsmittel für feine Arbeiten.

Hinweis: Die benötigten Hilfsmittel werden in den einzelnen Materiallisten nicht nochmals aufgeführt.

Tipp: Benützen Sie keinen Sekundenkleber, da er Nylonfaden und Perlen-Aufreihseide brüchig werden lässt.

Tipp: Achten Sie unbedingt darauf, ausschließlich hochwertige Glas-Wachsperlen zu verwenden, damit Sie lange Freude an Ihren Schmuckstücken haben.

Tipp: Halten Sie sich unbedingt an die Größenangaben der Perlen, damit die Schmuckstücke gelingen.

Hinweis: Um die Skizzen übersichtlich zu machen, werden die im Arbeitsschritt neu hinzukommenden Perlen dunkler als die bereits aufgefädelten Perlen dargestellt.

So wird's gemacht

Anbringen von Verschlüssen

an Schmuckdraht und Nylonfaden

Am Ende des Schmuckdrahtes bzw. Nylonfadens eine Quetschperle durch kräftiges Zusammendrücken anbringen. Das überstehende, kurze Ende ca. 1 mm nach der Quetschperle abzwicken. In die Quetschkalotte etwas Kleber tupfen. Das Ende des Drahtes bzw. Fadens einlegen und die Quetschkalotte mit der Flachzange zusammendrücken. Mithilfe eines Ringels den Verschluss in die Öse der Kalotte einhängen.

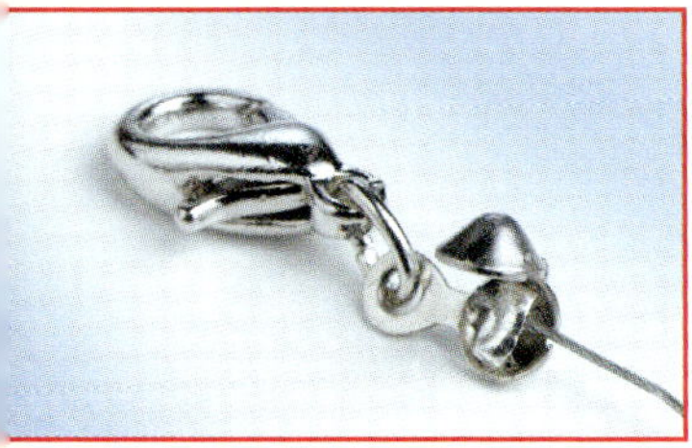

an Perlen-Aufreihseide

Eine Quetschperle auf das Ende der Aufreihseide fädeln und durch kräftiges Zusammendrücken eng an der letzten Perle fixieren. Hinter der Quetschperle sollten ca. 2,5 cm überstehen. Dieses Ende hinter der Quetschperle verknoten und auf ca. 2 mm kürzen. Kleber in die Quetschkalotte tupfen, die Quetschperle und den knapp dahinter liegenden Knoten in diese legen und dann behutsam zusammendrücken. Den Verschluss mithilfe eines Ringels in die Öse der Kalotte einhängen.

Befestigen von Satinbändern

Quetschperle auf das Ende der Aufreihseide bzw. Nylonfadens fädeln, dann durch die Öse des Verbinders und anschließend durch die Quetschperle zurückfädeln. Die Quetschperle durch kräftiges Zusammendrücken fixieren. Den Faden hinter der Quetschperle verknoten. Das Fadenende mit Alleskleber betupfen, durch die anschließende Glas-Wachsperle fädeln und abschneiden. Ein Ende des Satinbandes auf beiden Seiten sorgfältig mit Kleber bestreichen und in den Verbinder kleben. Dazu eine Pinzette oder einen Zahnstocher zur Hilfe nehmen.

Tipp: Sie können statt des Satinbandes einen Verschluss anbringen. Achten Sie dabei jedoch darauf, dass Sie eventuell mehrere Perlen auf die Kette fädeln müssen, um eine ausreichende Kettenlänge zu erhalten.

Knotentechnik

Die hochwertigen Glas-Wachsperlen kommen besonders schön zur Geltung, wenn sie beim Aufziehen auf Perlen-Aufreihseide durch Knoten getrennt werden. Die Knoten dürfen nicht zu locker und der Zwischenraum von Perle zu Perle sollte gleich groß sein.
Je nach Modell zu Beginn eine Quetschperle und eine Quetschkalotte bzw. eine Quetschperle und einen Verbinder, wie links beschrieben, anbringen.
Eine Quetschperle auf die Aufreihseide fädeln und fixieren. Ganz dicht hinter und vor der Quetschperle einen Knoten machen. Die erste Glas-Wachsperle aufnehmen und dicht an ihr einen Knoten knüpfen. Das lange Ende in einer Hand halten, die Pinzette in die Schlaufe führen und mit ihr den Faden direkt an

Skizze 1

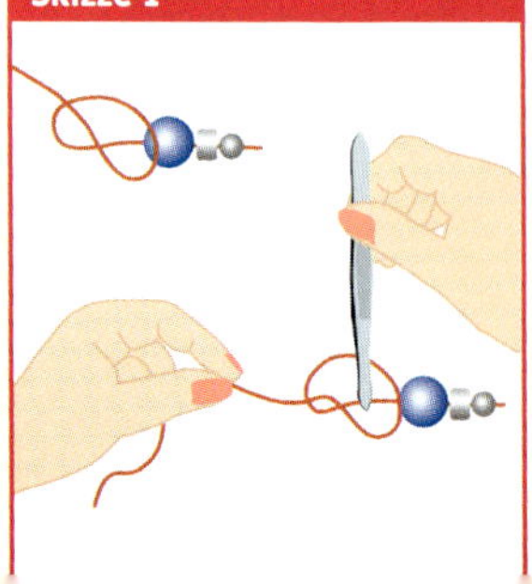

der Perle festhalten (Skizze 1). Den langen Faden leicht gestrafft halten und den Knoten auf der Pinzette festziehen (Skizze 2). Auf die gleiche Art die nächste Perle aufziehen und den nächsten Knoten knüpfen. So lange fortfahren, bis die gewünschte Länge erreicht ist. Die Aufreiharbeit durch einen letzten Knoten beenden und den Verschluss, wie auf Seite 4 beschrieben, anbringen.

Tipp: Für große Perlen sollten Sie stärkere Aufreihseide verwenden oder Sie arbeiten mit mehreren Strängen dünnerer Aufreihseide.

Kreuzknoten

Zum Ansetzen von zu kurzer oder abgerissener Perlen-Aufreihseide den Kreuzknoten anwenden (Skizze 3).

Berechnung der Fadenlänge für die Knotentechnik

Den Durchmesser der Perlen mit der gewünschten Anzahl an Perlen multiplizieren. Diese Zahl mit zwei multiplizieren, wenn mit doppelt genommenem Faden gearbeitet werden soll. Soll mit dreifach genommenem Faden gearbeitet werden, die Zahl mit drei multiplizieren. Diesen Betrag für die Knoten verdoppeln. Als Zugabe 50 mm hinzugeben.

Beispiele für eine Kette aus 40 Perlen, ø 8 mm:

Einfach genommener Faden
$40 \times 8 = 320 \times 2 = 640 + 50 = 690$ mm $\geq 0{,}69$ m

Doppelt genommener Faden
$40 \times 8 \times 2 = 640 \times 2 = 1280 + 50 = 1330 \geq 1{,}33$ m

Fädeln auf Nylonfaden

Die Fädeltechniken werden bei den einzelnen Modellen genau und mit Skizzen beschrieben. Die Fäden werden häufig durch eine Perle gekreuzt. Dies bedeutet, dass die beiden Fadenenden in entgegengesetzter Richtung durch eine Perle geführt werden. Beim Fädeln unbedingt auf gute Fadenspannung achten! Haben Sie einen Ring fertig gefädelt, zur Stabilisierung die Ringschiene nochmals zurückfädeln. Bei allen Fädelarbeiten die Fäden an einer unauffälligen Stelle miteinander verknoten. Mithilfe eines Zahnstochers Alleskleber auf den Knoten geben, dann nochmals verknoten. Den Knoten möglichst in eine Perle ziehen, dann die überstehenden Fadenenden abschneiden. Statt zu knoten können Sie die Fäden so lange im Muster verweben, bis sie fest sitzen. Eine sehr elegante, aber etwas mühevolle Arbeit.

Tipp: Bei einigen Objekten können nur ungefähre Angaben gemacht werden, da Ringschienen und Ketten immer der individuellen Größe angepasst werden müssen.

Tipp: Probieren Sie Ringe während des Fädelns der Schiene immer wieder an und beachten Sie dabei, dass die Ringschiene durch das Vernähen der Fäden noch etwas kleiner wird.

Kombinationsleitfaden

Bei einigen Schmuckstücken finden Sie dieses Symbol . Dieses zeigt Ihnen, welches andere im Buch gezeigte Schmuckstück dazu passt.

Skizze 2

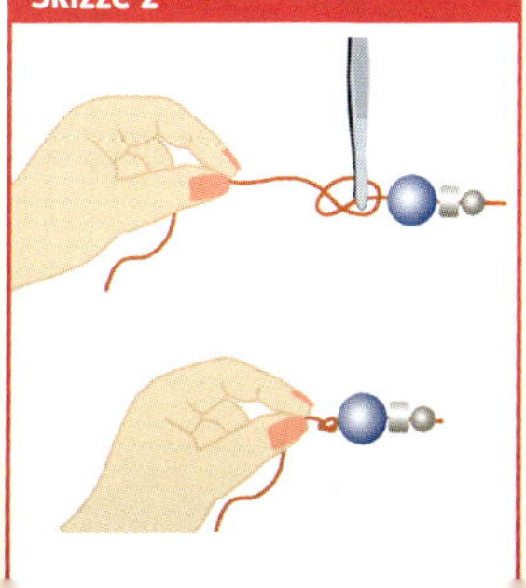

Skizze 3

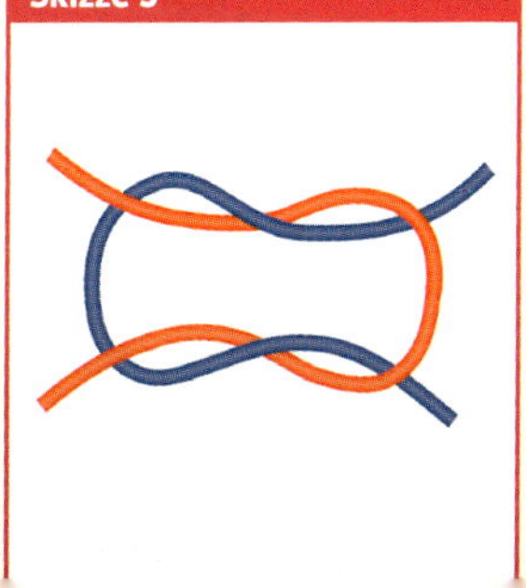

Klassische Perlen

→ modern interpretiert

MATERIAL

- 10 Glas-Wachsperlen in Weiß, ø 12 mm
- ca. 18 - 26 Glas-Wachsperlen in Weiß, ø 10 mm
- Swarovski®-Kristall-Herz, 10,3 mm x 10 mm
- Swarovski®-Kristall-Herz, 14,4 mm x 14 mm
- Swarovski®-Kristall-Blüte, ø 6 mm
- Swarovski®-Perle in Karamell, ø 4 mm
- Swarovski®-Perle in Karamell, ø 8 mm
- 4 Quetschperlen in Gold, ø 1,8 mm
- 2 Quetschkalotten in Gold, ø 4 mm
- Spaltring in Gold, ø 7 mm
- 2 ovale Ringel in Gold, ø 0,8 mm
- 2 Kettelstifte in Gold, 35 mm lang
- Perlen-Aufreihseide, ø 0,35 mm, 2 x 1,40 m lang
- Schmuckschließe in Gold, ø 1 cm

1 Die Kette von der Mitte nach außen arbeiten. Den Spaltring mittig auf einen Strang Aufreihseide fädeln. Über beide Fäden zusammen eine Quetschperle ziehen und diese nahe am Ring zusammendrücken. Dann gemäß der Anleitung auf Seite 4/5 den ersten Knoten machen und Perle für Perle mit dazwischen liegenden Knoten auffädeln. Mit fünf großen Perlen beginnen, dann die kleineren Perlen aufziehen.

2 Ist die gewünschte Anzahl an Perlen aufgezogen, nach dem letzten Knoten eine Quetschperle anbringen, dann wieder einen Knoten knüpfen. Den zweiten Strang genauso arbeiten und dann die Schmuckschließe anbringen (siehe Seite 4).

3 Die Anhänger gemäß Abbildung auf Kettelstifte ziehen. Zuletzt die Herzen vorsichtig in die mit einer Rundzange selber gebogene, große Öse fädeln. Die Anhänger durch vorsichtiges Auf- und Zubiegen der kleinen Öse in den Spaltring einhängen.

Tipp: Der Spaltring erlaubt ein Wechseln der Anhänger. Sie können sich also viele verschiedene Anhänger kreieren und nach Lust und Laune variieren.

MATERIAL

RING IN ANTHRAZIT

- 4 Swarovski®-Perlen in Mondstein, ø 4 mm
- 6 Swarovski®-Perlen in Nachtblau, ø 4 mm
- 2 Swarovski®-Perlen in Schwarz, ø 4 mm
- 38 - 48 Glas-Wachsperlen in Anthrazit, ø 4 mm
- Nylonfaden, ø 0,25 mm, ca. 1 m lang

RING IN SILBERGRAU

- 4 Swarovski®-Perlen in Azurblau, ø 4 mm
- 6 Swarovski®-Perlen in Jade, ø 4 mm
- 2 Swarovski®-Perlen in Smaragd, ø 4 mm
- 38 - 48 Glas-Wachsperlen in Silbergrau, ø 4 mm
- Nylonfaden, ø 0,25 mm, ca. 1 m lang

Bandringe

→ schlicht und elegant

1 Die ersten vier Swarovski®-Perlen gemäß Abb. 1 aufnehmen, durch die vierte kreuzen und die Arbeit in die Mitte des Fadens schieben. Die nächsten drei Swarovski®-Perlen aufnehmen und durch die dritte kreuzen. Auf die gleiche Art Glas-Wachsperlen so lange aufnehmen, bis der Ring passt. Den Ring schließen, indem der Faden durch die mit Pfeil markierte Perle gekreuzt wird (Abb. 1).

3 Gemäß Abb. 2 die zweite Reihe des Rings analog weiter arbeiten, dabei immer drei neue Perlen aufnehmen und ebenfalls durch Kreuzen an der mit Pfeil markierten Perle schließen. Fertigstellen, wie auf Seite 5 beschrieben.

Tipp: Das Loch der kleinen Glas-Wachsperlen ist manchmal etwas eng. Stechen Sie vor dem Auffädeln vorsichtig mit einer dünnen Nadel hindurch.

Seite 32

Seite 22

Abb. 1

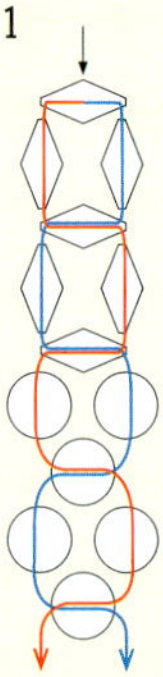

Abb. 2

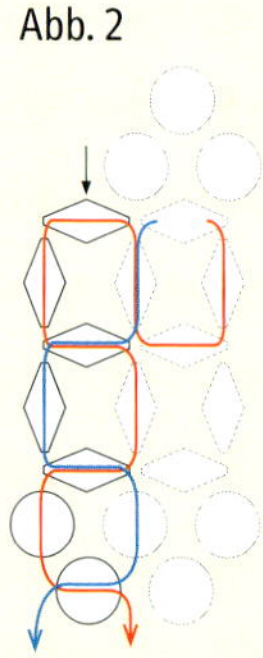

Ring in Anthrazit

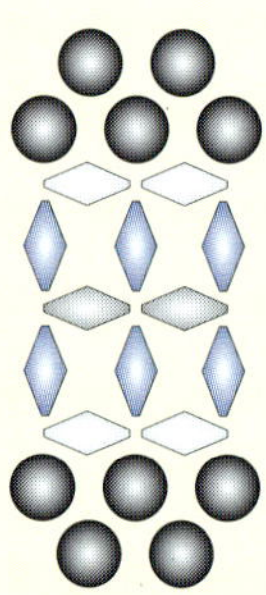

Ring in Silbergrau

Abb. 1

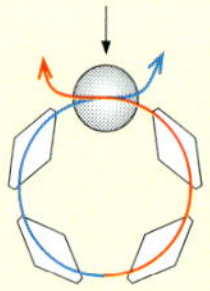

Abb. 2

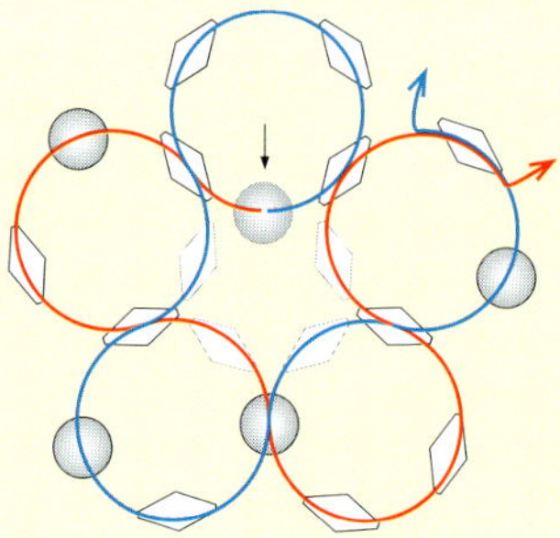

Abb. 3

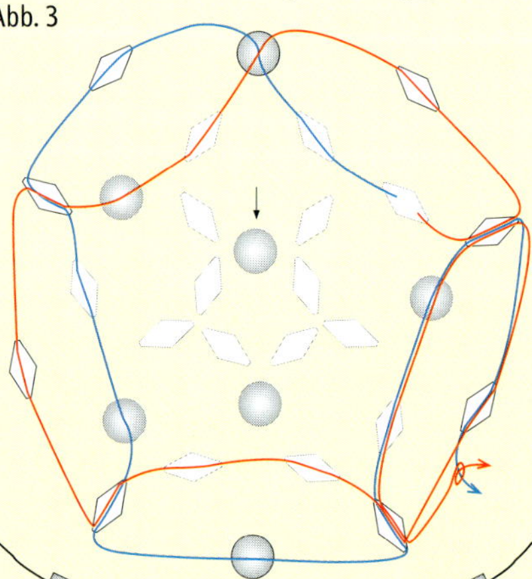

Kette mit Kugeln

→ ungewöhnlicher Blickfang

1 Jede Kugel besteht aus 23 Swarovski®-Perlen und sieben Glas-Wachsperlen. Vier Swarovski® Perlen und eine Glas-Wachsperle gemäß Abb. 1 auf einen Nylonfaden aufnehmen. Durch die Glas-Wachsperle kreuzen, dann die Arbeit in die Mitte des Fadens ziehen.

2 Bei mäßiger Fadenspannung weitere Perlen aufnehmen und gemäß Abb. 2 und 3 weiter fädeln. Die Pfeile sollen als Orientierungshilfe dienen. Dann die Fäden wie auf Seite 5 beschrieben verknoten und verweben. Die zweite Kugel genauso arbeiten.

3 Die Kugeln an je einem 40 cm bzw. 43 cm langen Stück Schmuckdraht befestigen. Dazu auf das Drahtende eine Quetschperle aufnehmen und dieses durch eine einzelne Swarovski®-Perle der Kugel ziehen. Zur Schlaufe legen, durch die Quetschperle zurückführen und zusammendrücken. Einen Swarovski®-Kristall-Würfel und eine Quetschperle aufziehen und auch diese fixieren.

4 Mit einer Quetschperle beide Drähte gemäß Abbildung auf einer Höhe von 8 bzw. 5 cm zusammenfassen. Eine Swarovski®-Perle in Smaragd, den X-Würfel, eine weitere Swarovski®-Perle in Smaragd und eine Quetschperle aufnehmen, diese fixieren.

5 Die Drähte trennen, weitere Swarovski®-Perlen und Quetschperlen gemäß Abbildung aufnehmen und fixieren. Dann den Verschluss anbringen (siehe Seite 4).

MATERIAL

- 27 Swarovski®-Perlen in Jade, ø 4 mm
- 27 Swarovski®-Perlen in Smaragd, ø 4 mm
- 14 Glas-Wachsperlen in Silbergrau, ø 4 mm
- 2 Swarovski®-Kristall-Würfel, 3 mm x 3 mm
- Swarovski®-Kristall-X-Würfel, 6 mm x 6 mm
- 20 Quetschperlen in Silber, ø 1,8 mm
- 2 Quetschkalotten in Silber, ø 4 mm
- Schmuckdraht in Silber, ø 0,4 mm, 40 cm und 43 cm lang
- Nylonfaden, ø 0,25 mm, 2 x ca. 50 cm lang

MATERIAL KUGEL

- 4 Swarovski®-Perlen in Mondstein, ø 6 mm
- 4 Swarovski®-Perlen in Rosa Chiffon, ø 6 mm
- 4 Swarovski®-Perlen in Jade, ø 6 mm
- Nylonfaden, ø 0,25 mm, ca. 1 m lang
- eine beliebige kleine Perle als Stopper (z. B. Rocaille)

KETTE

- 18 Glas-Wachsperlen in Jade, ø 12 mm
- 20 Glas-Wachsperlen in Puderrosa, ø 6 mm
- 2 Quetschperlen in Silber, ø 1,8 mm
- 2 Quetschkalotten in Silber, ø 4 mm
- 2 Ringel in Silber, oval, ø 0,8 mm
- Kettenverschluss in Silber, ø 1 cm

Seite 30

Prächtiges Collier

→ mit großer, dreifarbiger Kugel

1 Für die Kugel die Stopperperle aufnehmen und in die Mitte des Fadens schieben. Ein Fadenende in die Gegenrichtung nochmals durchziehen, damit ist der Arbeitsfaden gesichert. Diese Perle wird später entfernt.

2 Eine Swarovski®-Perle in Rosa, eine in Mondstein, eine in Jade und eine in Mondstein auffädeln und zum Kreis schließen. Dazu den Faden durch die beiden ersten Perlen kreuzen (Abb. 1).

3 Eine Swarovski®-Perle in Rosa, eine in Mondstein und eine in Jade aufnehmen und durch die Perle der ersten Reihe fädeln, aus der der Arbeitsfaden gerade herauskommt. Danach durch die zweite Perle der ersten Reihe fädeln (Abb. 2).

4 Eine Swarovski®-Perle in Rosa und eine in Jade aufnehmen und durch die erste Perle der zweiten Reihe und durch die nächste und die darauf folgende Perle der ersten Reihe fädeln (Abb. 3).

5 Eine Swarovski®-Perle in Jade und eine in Mondstein aufnehmen und durch die erste Perle der dritten Reihe und durch die nächste und darauf folgende Perle der ersten Reihe fädeln (Abb.4).

6 Den Faden weiter durch die dritte Perle (jade) der ersten Reihe fädeln. Dann eine rosa Swarovski®-Perle aufnehmen und durch die erste Perle der vierten Reihe (jade) ziehen (Abb. 5).

7 Jetzt die Stopperperle entfernen und den Faden mit Gefühl fest anziehen, damit sich die Arbeit zur Kugel formt. Vorsicht, dass der Faden nicht reißt! Den Faden zweimal miteinander verknoten und dann wieder trennen.

8 Einen Faden im Muster so weiter fädeln, dass er genau auf der gegenüberliegenden Seite des anderen Fadens aus der Kugel austritt.

9 Die Perlen für die Kette auf diese austretenden Fäden gemäß der Abbildung abwechselnd aufziehen und dann wie auf Seite 4 beschrieben den Verschluss anbringen.

Abb. 1

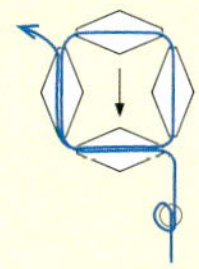

Abb. 2

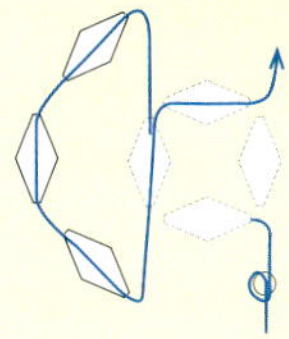

Abb. 3

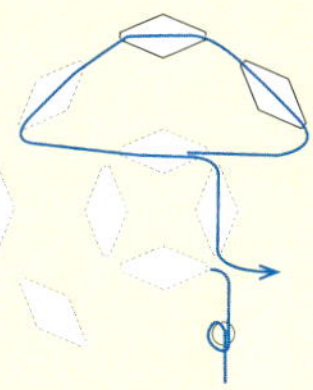

Abb. 4

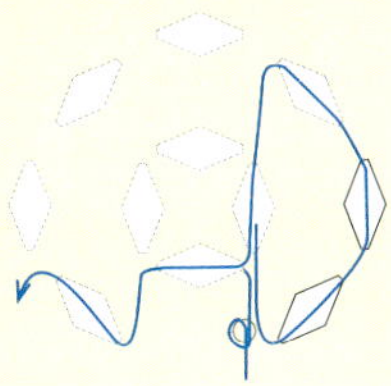

Abb. 5

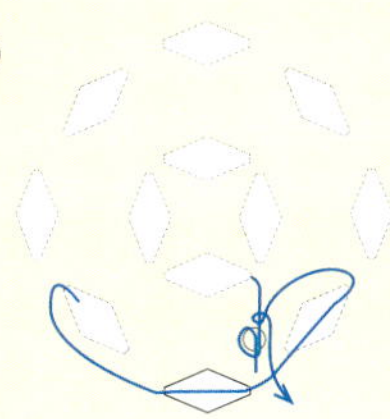

Großer Kugelanhänger

→ mit hübschem Blütenmuster

1 Die Kugel aus den mondsteinfarbenen Swarovski®-Perlen gemäß der Anleitung auf Seite 13 einfarbig anfertigen.

2 Nach dem Anziehen und Verknoten die Fäden im Muster weiterführen und durch eine beliebige Perle kreuzen. Von dieser Perle ausgehend die Unterseite der Kugel arbeiten.

3 Dafür auf jedes Fadenende eine Swarovski®-Perle in Amethyst aufnehmen und durch den Swarovski®-Kristall-Perltropfen kreuzen. Nochmals auf jeden Faden eine Swarovski®-Perle in Amethyst aufnehmen und durch die mit Pfeil in Abb. 1 markierte Swarovski® Perle kreuzen (Abb. 2).

4 Diese Swarovski®-Perle ist Ausgangsposition für die nächste, seitlich sitzende Blüte. Sie wird genauso gearbeitet, nur wird als Mittelpunkt statt des Perltropfens eine Glas-Wachsperle verwendet. Für die Oberseite der Kugel wird ein Verbinder als Mittelpunkt eingearbeitet und für die nächste, seitlich sitzende Blüte wiederum eine Glas-Wachsperle.

5 Jetzt die zwei smaragdfarbenen Blüten arbeiten. Dazu die Fädelrichtung wechseln (Abb. 3). Die Blüte auf Abb. 3 ist die zuletzt gearbeitete amethystfarbene.

7 Jetzt horizontal um die Kugel herum die smaragdfarbenen Blüten arbeiten. Ist die erste fertig, dem Musterlauf folgend durch die bereits bestehende amethystfarbene Blüte fädeln und dann die zweite smaragdfarbene Blüte arbeiten. Die Fädelarbeit gemäß Seite 5 fertig stellen, dann die Satinbänder wie auf Seite 4 beschrieben anbringen.

MATERIAL

- 12 Swarovski®-Perlen in Mondstein, ø 8 mm
- 16 Swarovski®-Perlen in Amethyst, ø 6 mm
- 8 Swarovski®-Perlen in Smaragd, ø 6 mm
- 4 Glas-Wachsperlen in Weiß, ø 4 mm
- Swarovski®-Kristall-Perltropfen, 10 mm x 7 mm
- Verbinder in Silber, ø 2 mm
- Nylonfaden, ø 0,25 mm, ca. 1 m lang
- Satinband in Rosa, 6 mm breit, ca. 1 m lang

Abb. 1

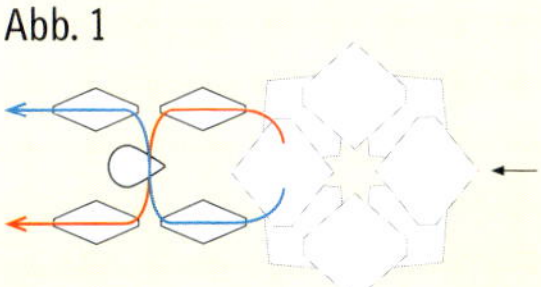

Abb. 2

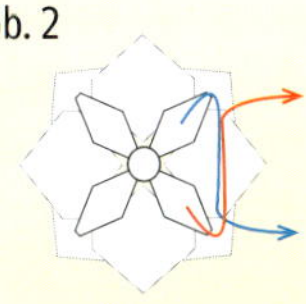

Abb. 3

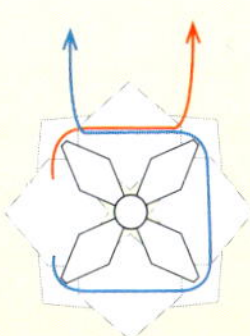

MATERIAL RING IN TÜRKIS UND SILBERGRAU

- 12 Swarovski®-Perlen in Indisch Türkis, ø 4 mm
- 4 Swarovski®-Perlen in Mondstein, ø 4 mm
- 5 Glas-Wachsperlen in Silbergrau, ø 6 mm
- ca. 27 - 33 Glas-Wachsperlen in Silbergrau, ø 4 mm
- Nylonfaden, ø 0,25 mm, ca. 1 m lang

RING IN OLIVE UND ROSA

- 16 Swarovski®-Perlen in Olive, ø 4 mm
- 5 Glas-Wachsperlen in Puderrosa, ø 6 mm
- ca. 27 - 33 Glas-Wachsperlen in Puderrosa, ø 4 mm
- Nylonfaden, ø 0,25 mm, ca. 1 m lang

Medaillonringe

→ festlich und auffällig

1 Vier große und vier kleine Glas-Wachsperlen im Wechsel aufnehmen und durch Kreuzen durch eine der kleinen Glas-Wachsperlen zum Kreis schließen (Abb. 1).

2 Die Swarovski®-Perlen auffädeln (Abb. 2). Beim zweifarbigen Ring beachten, dass jede vierte Swarovski®-Perle mondsteinfarben ist.

3 Die Runde durch Kreuzen in der Swarovski®-Perle schließen, dann die Fäden anziehen. Den Kreis bis zur mit Pfeil markierten Swarovski®-Perle zurückfädeln und durch diese kreuzen, damit das Medaillon stabil wird. Auf beide Fäden eine große Glas-Wachsperle ziehen und durch die Swarovski®-Perle auf der gegenüberliegenden Seite kreuzen. (Abb. 3).

4 Dem Muster folgend nach unten bis zu einer kleinen Glas-Wachsperle fädeln und durch diese kreuzen.

5 Jetzt die Ringschiene mit kleinen Glas-Wachsperlen arbeiten (Abb. 4). Den Ring durch Kreuzen in der mit Pfeil markierten Glas-Wachsperle schließen und wie auf Seite 5 beschrieben den Ring fertig stellen.

Seite 26

Abb. 1

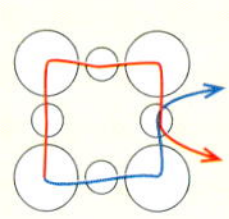

Abb. 2

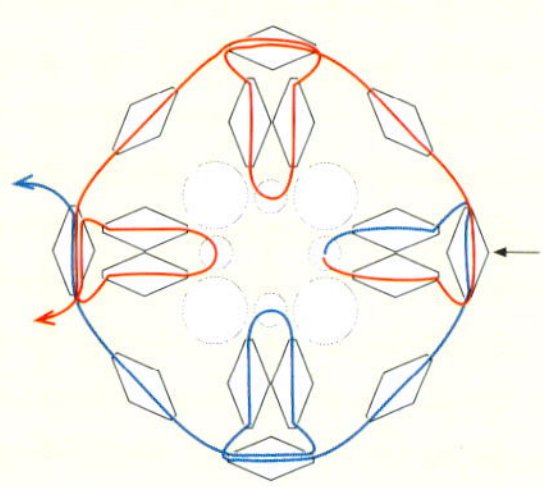

Abb. 3

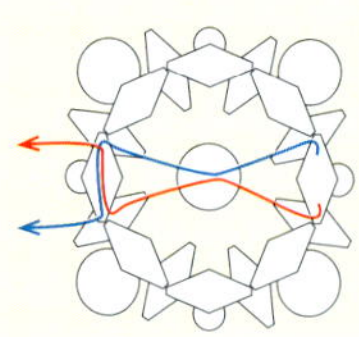

Abb. 4

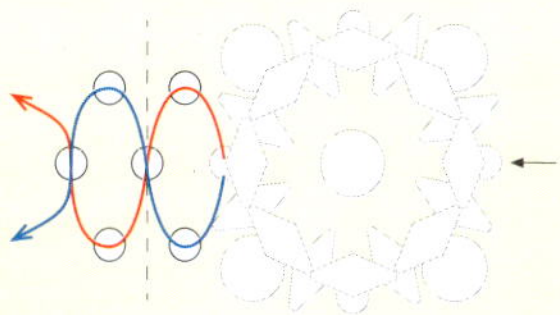

Ring in Türkis und Silbergrau

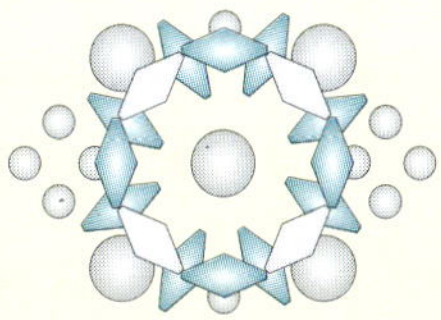

Ring in Olive und Rosa

MATERIAL
HERZ

- 6 Swarovski®-Perlen in Rosa Chiffon, ø 6 mm
- 12 Swarovski®-Perlen in Orangerot, ø 6 mm
- Swarovski®-Perle in Koralle, ø 8 mm
- Swarovski®-Kristall-Tropfen, 11 mm x 5,5 mm
- 6 Glas-Wachsperlen in Bordeaux, ø 6 mm
- 2 Quetschperlen in Gold, ø 1,8 mm
- Ringel in Gold, oval, ø 0,8 mm
- Nylonfaden, ø 0,25 mm, ca. 70 cm lang

KETTE

- 2 Swarovski®-Perlen in Koralle, ø 8 mm
- 2 Swarovski®-Perlen in Orangerot, ø 8 mm
- 2 Swarovski®-Perlen in Rosa Chiffon, ø 8 mm
- 12 Glas-Wachsperlen in Bordeaux, ø 4 mm
- 18 Glas-Wachsperlen in Bordeaux, ø 8 mm
- 4 Quetschperlen in Gold, ø 1,8 mm
- Spaltring in Gold, ø 7 mm
- 2 Verbinder in Gold, ø 2 mm
- Perlen-Aufreihseide, ø 0,35 mm, oder Nylonfaden, ø 0,25 mm, 2 x ca. 1 m lang
- Satinband in Rosa, 6 mm breit, 2 x ca. 40 cm lang

Collier mit Herzanhänger

→ romantisch und verspielt

1 Für den Anhänger sechs Glas-Wachsperlen auffädeln und durch drei Perlen kreuzen. Die Arbeit in die Mitte des Fadens schieben (Abb.1).

2 Für die Bogen Swarovski®-Perlen auffädeln, dabei die Farbgebung beachten (Abb. 2-4).

3 Dann die Fäden zur Stabilisierung im Muster zurückfädeln, bis sie aus jeweils einer Seite der mit Pfeil in Abb. 4 markierten Glas-Wachsperle oben am Herz heraustreten.

4 Eine Quetschperle auf beide Fäden aufnehmen und möglichst nahe an der Glas-Wachsperle zusammendrücken. Die große Swarovski®-Perle und eine Quetschperle aufnehmen. Mit beiden Fäden eine winzige Schlaufe formen und den Ringel in diese einhängen. Durch die Quetschperle und die Swarovski®-Perle zurückfädeln. Die Quetschperle zusammendrücken und die Fäden abschneiden (Abb. 5).

5 Die Kette von der Mitte nach außen arbeiten. Zuerst den Spaltring auf einen der Fäden ziehen und in dessen Mitte ziehen. Über beide Fäden eine Quetschperle fädeln und diese nahe am Ring zusammendrücken.

6 Die Perlen gemäß Abbildung aufreihen, dann den Verbinder und das Satinband gemäß der Anleitung auf Seite 4 anbringen. Die zweite Seite genauso arbeiten.

7 Den Ringel am Anhänger etwas aufbiegen, in den Spaltring der Kette einhängen und den Ringel wieder zu biegen.

Tipp: Diese Kette wurde nicht mit Knoten aufgereiht. Wenn Sie mit Knoten arbeiten möchten, orientieren Sie sich bitte an der Anleitung auf Seite 4/5.

Seite 20

Abb. 1

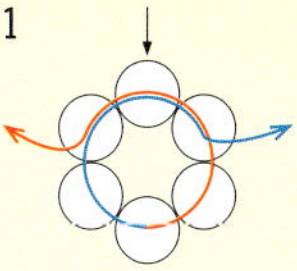

Abb. 2

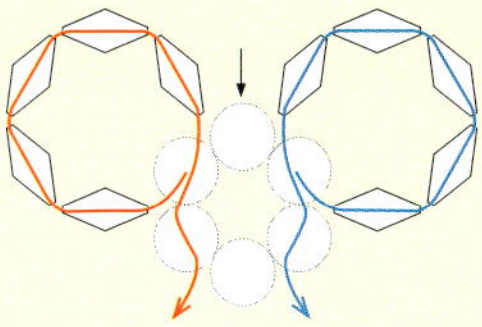

Abb. 3

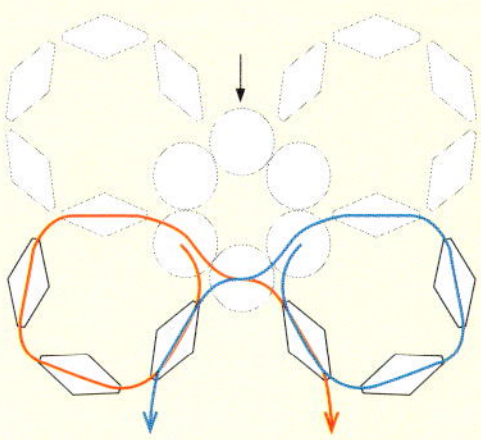

Abb. 4

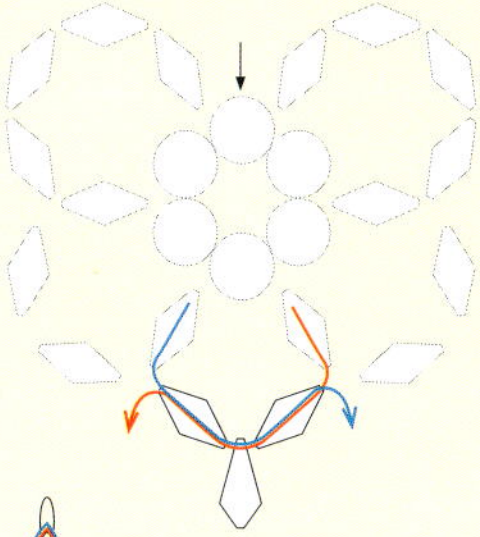

Abb. 5

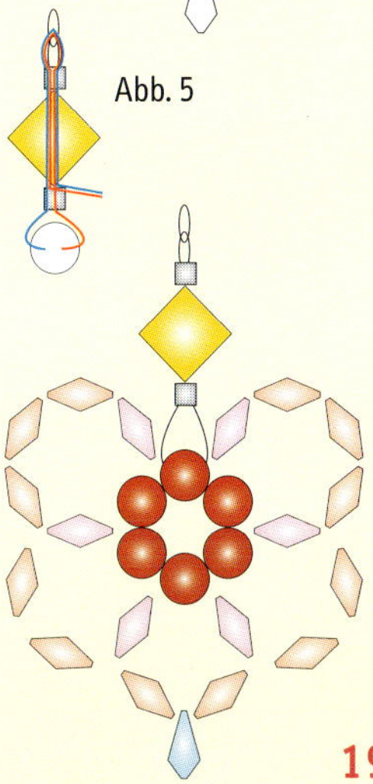

Elegante Ringe

→ schlicht und effektvoll

MATERIAL RING IN BORDEAUX

- 2 Swarovski®-Perlen in Orangerot, ø 6 mm
- 4 Swarovski®-Perlen in Koralle, ø 4 mm
- 6 Swarovski®-Perlen in Rosa Chiffon, ø 4 mm
- ca. 27-33 Glas-Wachsperlen in Bordeaux, ø 4 mm
- Nylonfaden, ø 0,25 mm, ca. 80 cm lang

RING IN WEISS

- 2 Swarovski®-Perlen in Olive, ø 6 mm
- 4 Swarovski®-Perlen in Schwarz, ø 4 mm
- 6 Swarovski®-Perlen in Mondstein, ø 4 mm
- ca. 27-33 Glas-Wachsperlen in Weiß, ø 4 mm
- Nylonfaden, ø 0,25 mm, ca. 80 cm lang

1 Drei Glas-Wachsperlen und eine Swarovski®-Perle aufnehmen, durch die Swarovski®-Perle kreuzen. Die Arbeit in die Mitte des Fadens schieben. Pro Faden eine kleine Swarovski®-Perle auffädeln und durch eine große Swarovski®-Perle kreuzen (Abb. 1).

2 Auf jeden Faden eine kleine Swarovski®-Perle aufziehen und durch eine dritte, kleine Swarovski®-Perle kreuzen. Auf einen Faden zwei Glas-Wachsperlen ziehen, auf den anderen eine Glas-Wachsperle. Durch die einzeln aufgenommene Glas-Wachsperle kreuzen, damit wird die Richtung gewechselt (Abb. 2).

3 Auf den äußeren Faden (blau dargestellt) zwei Glas-Wachsperlen aufnehmen, auf den anderen (rot dargestellt) eine Glas-Wachsperle. Durch die einzeln aufgenommene Glas-Wachsperle kreuzen, so wird die Richtung erneut gewechselt. Den inneren Faden durch die bereits im zweiten Arbeitsschritt aufgenommene kleine Swarovski®-Perle führen und auf den anderen Faden eine kleine Swarovski®-Perle aufnehmen. Eine weitere, große Swarovski®-Perle aufnehmen und durch diese kreuzen (Abb. 3).

4 Auf den äußeren Faden (blau dargestellt) eine Swarovski®-Perle aufnehmen. Den inneren Faden (rot dargestellt) durch die vorhandene kleine Swarovski®-Perle führen. Eine weitere kleine Swarovski®-Perle aufnehmen. Durch diese letzte Swarovski®-Perle kreuzen.

5 Den inneren Faden weiter durch die daneben liegende und die folgende Glas-Wachsperle, die bereits im ersten Arbeitsschritt aufgenommen wurde, führen. Auf den anderen Faden eine Glas-Wachsperle aufziehen und die Fäden durch eine dritte Glas-Wachsperle kreuzen.

6 Für die Ringschiene auf jeden Faden eine Glas-Wachsperle aufnehmen und durch eine dritte kreuzen. Zum Schluss auf jeden Faden zwei Glas-Wachsperlen aufnehmen und durch die mit Pfeil markierten Glas-Wachsperlen kreuzen (Abb. 4).

7 Den Ring gemäß der Anleitung auf Seite 5 fertig stellen.

Seite 18
Seite 26

Abb. 1

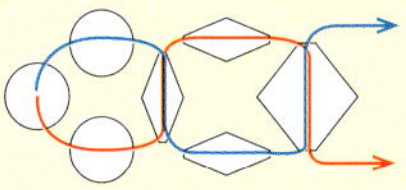

Abb. 2

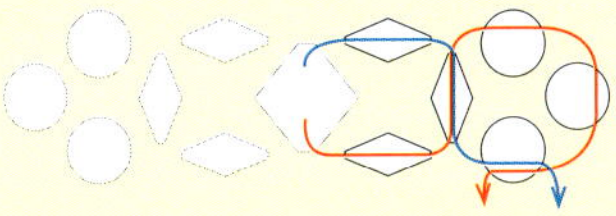

Abb. 3

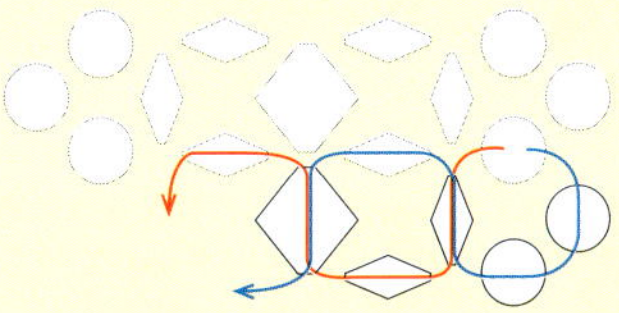

Abb. 4

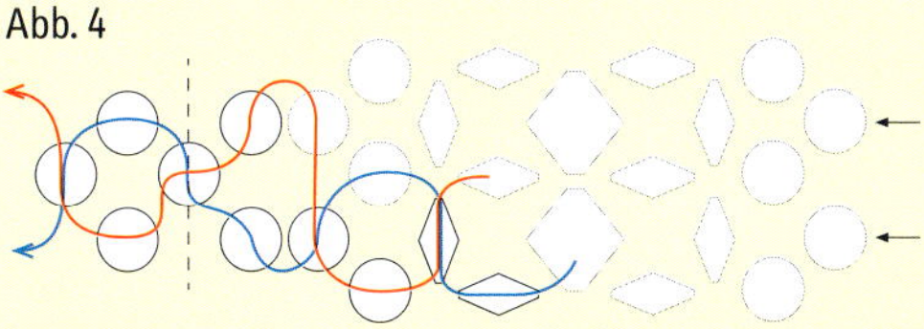

Ring in Bordeaux

Ring in Weiß

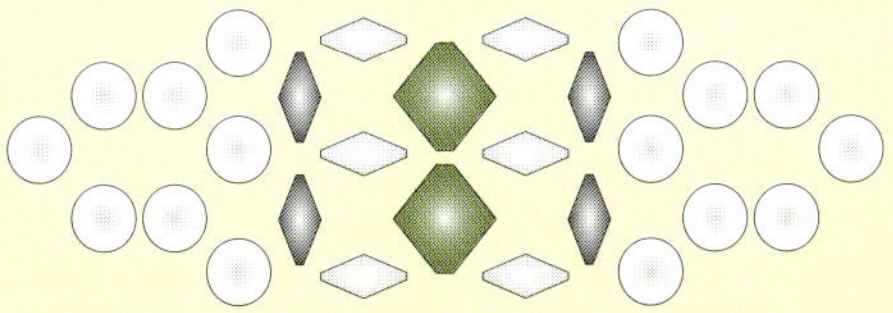

Collier mit Schmetterling

→ ganz modisch

1 Jeder Flügel wird zunächst einzeln gefädelt. Die Farbe der einzelnen Perlen ergibt sich aus der Farbskizze auf Seite 25. Start der Fädelarbeit ist in Abb. 1 mit einem Pfeil markiert. Auf gute Fadenspannung achten, denn nachträgliches Anziehen ist durch die doppelten Kreisfädelungen fast unmöglich (Abb. 1).

2 Die großen, türkisfarbenen Swarovski®-Perlen, die runde Swarovski®-Kristall-Perle sowie die drei kleinen, nachtblauen Swarovski®-Perlen werden durch Kreuzen der Fäden eingearbeitet (Abb. 2). Gegengleich den zweiten Flügel arbeiten.

3 Die Flügel durch Hinzufügen von sechs weiteren Swarovski®-Perlen verbinden. Der ehemals blaue Faden des rechten Flügels wird zum besseren Kontrast grün dargestellt. Die rot dargestellten Arbeitsfäden bleiben zunächst hängen. Durch eine neu aufgenommene Swarovski®-Perle kreuzen und den Faden durch die bereits vorhandenen, seitlichen

Abb. 1

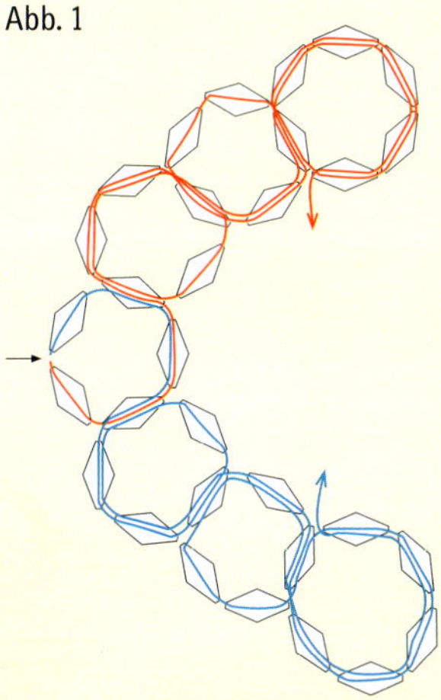

Abb. 2

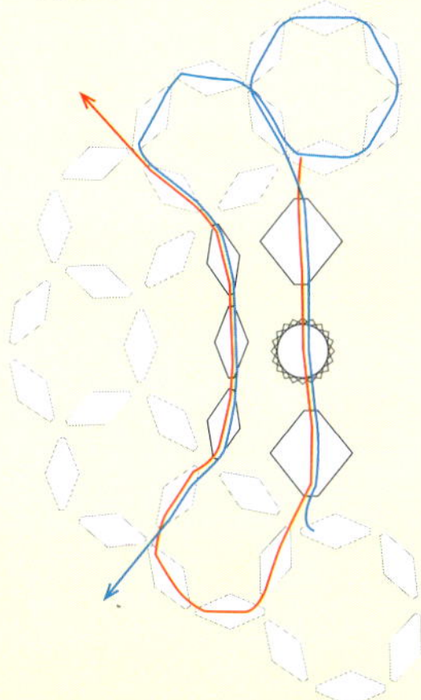

MATERIAL SCHMETTERLING

- 48 Swarovski®-Perlen in Royalblau, ø 4 mm
- 26 Swarovski®-Perlen in Nachtblau, ø 4 mm
- 4 Swarovski®-Perlen in Indisch Türkis, ø 6 mm
- 3 runde Swarovski®-Kristall-Perlen, ø 4 mm
- 2 runde Swarovski®-Kristall-Perlen, ø 6 mm
- Nylonfaden, ø 0,25 mm, 2 x ca. 1,50 m lang

KETTE

- 4 Swarovski®-Perlen in Indisch Türkis, ø 6 mm
- 2 runde Swarovski®-Kristall-Perlen, ø 6 mm
- ca. 40-48 Glas-Wachsperlen in Anthrazit, ø 4 mm
- 2 Verbinder in Silber, ø 2 mm
- Perlen-Aufreihseide, ø 0,35 mm, 2 x ca. 1,60 m lang
- 2 Quetschperlen in Silber, ø 1,8 mm
- Satinband in Schwarz, 6 breit, 2 x ca. 50 cm lang

Seite 8

WEITERFÜHRUNG

Collier mit Schmetterling

Perlen ziehen. Diesen Arbeitsschritt noch einmal wiederholen. Für den Kopf vier weitere Swarovski®-Perlen hinzufügen. Durch die erste kreuzen, auf jeden Faden eine Swarovski®-Perle auffädeln und durch die letzte wieder kreuzen (Abb. 3).

5 Auf dem Körper die kleinen, runden Swarovski®-Kristall-Perlen anbringen. Dazu beide Fäden gemeinsam durch eine kleine, runde Swarovski®-Kristall-Perle ziehen, die Fäden wieder trennen und durch die nächste, horizontal liegende Swarovski®-Perle kreuzen. Diesen Arbeitschritt noch zweimal wiederholen (Abb. 4).

6 Alle vier Fäden im Verlauf des Musters in den Perlen vernähen, so wird der Schmetterling stabil.

7 Für das Anbringen der Kette je eine Aufreihseide durch den obersten Kringel des Flügels fädeln (siehe Farbskizze). Den Faden mittig legen und zweimal verknoten.

8 Eine große Swarovski®-Perle, eine Swarovski®-Kristall-Perle und eine weitere große Swarovski®-Perle aufreihen. Dann die Glas-Wachsperlen auffädeln, dabei zwischen jeder einen Knoten knüpfen. Dazu an der Anleitung auf Seite 4/5 orientieren. Ist die gewünschte Länge erreicht, den Verbinder und ein Satinband anbringen (siehe Seite 4).

Tipp: Schön sieht der Schmetterling auch in hellen Farben aus.

Abb. 3

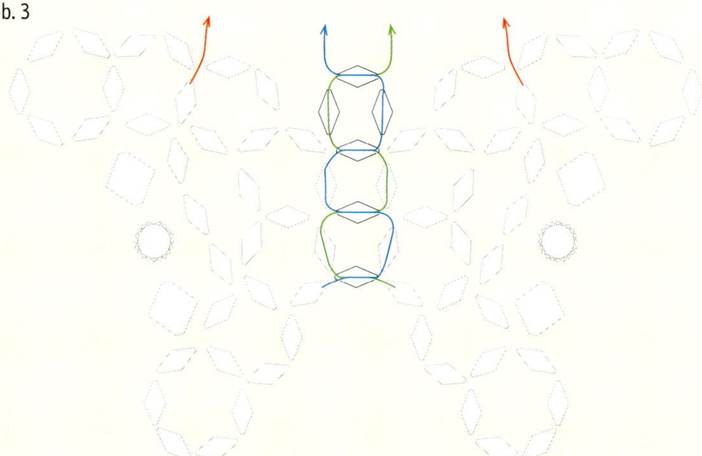

Abb. 4

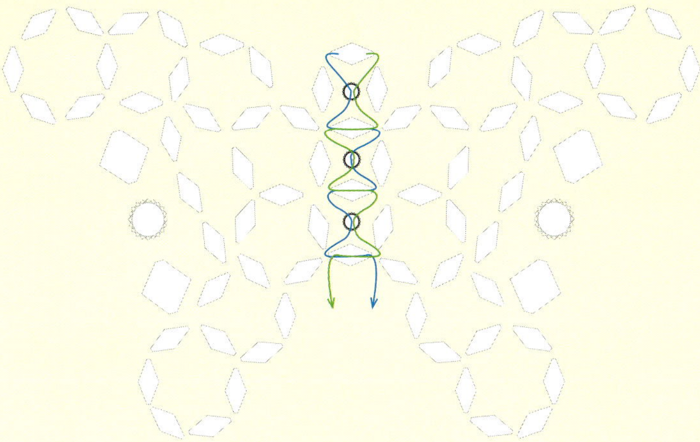

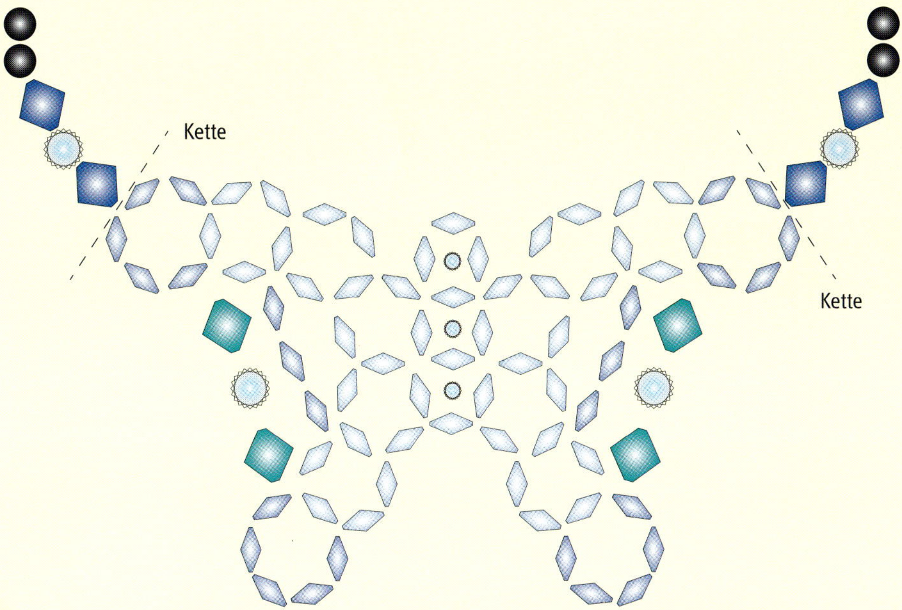

MATERIAL COLLIER

- 22 Swarovski®-Perlen in Mondstein, Rauch Topas, Olive und Karamell, ø 4 mm
- 13 Swarovski®-Perlen in Mondstein, Rauch Topas, Olive und Karamell, ø 6 mm
- 6 Swarovski®-Perlen in Mondstein, Rauch Topas, Olive und Karamell, ø 8 mm
- 47 Glas-Wachsperlen in Puderrosa, Kaschmir, Jade und Silbergrau, ø 4 mm
- 16 Glas-Wachsperlen in Puderrosa, Kaschmir, Jade und Silbergrau, ø 6 mm
- 10 Glas-Wachsperlen in Puderrosa, Kaschmir, Jade und Silbergrau, ø 8 mm
- 9 Glas-Wachsperlen in Puderrosa, Kaschmir, Jade und Silbergrau, ø 10 mm
- 6 Glas-Wachsperlen in Puderrosa, Kaschmir, Jade und Silbergrau, ø 12 mm
- 2 Quetschperlen in Silber, ø 1,8 mm
- 2 Quetschkalotten in Silber, ø 4 mm

Wertvolles Ensemble

→ Collier und Armband

1 Für das Collier und für das Armband fünf Schmuckdrähte mit einer Quetschperle am Ende zusammenfassen und durch kräftiges Zusammendrücken fixieren.

2 Die Perlen ganz nach Wunsch auf die Drähte fädeln, dabei immer wieder zwei Drähte durch eine Perle führen, um einen lockeren Verband zu erhalten (Abb. 1).

3 Beim Collier zuerst kleine, dann zunehmend immer größere Perlen verwenden. Diese bilden die Mitte des Colliers. Nach und nach die Größe wieder verringern und wieder kleine Perlen verwenden.

4 Zum Schluss die Schmuckdrähte mit einer Quetschperle zusammenfassen und mithilfe von Quetschkalotten und Ringel gemäß der Anleitung auf Seite 4 die Schmuckschließe anbringen.

5 Den Anhänger für das Armband auf das 10 cm lange Stück Schmuckdraht fädeln (Abb. 2) und vor dem Zusammendrücken der Quetschperle in den Ringel an der Schließe einhängen. Überstehenden Draht möglichst vor dem Zuammendrücken der Quetschperlen so kürzen, dass die Enden in der runden Swarovski®-Kristall-Perle liegen.

Hinweis: In dieser Materialliste wird nicht die genaue Anzahl der einzelnen Perlen angegeben. Innerhalb einer Größe können Sie die Farben frei wählen.

Tipp: Bei diesem Collier sitzt die schöne Schmuckschließe seitlich.

Abb. 1

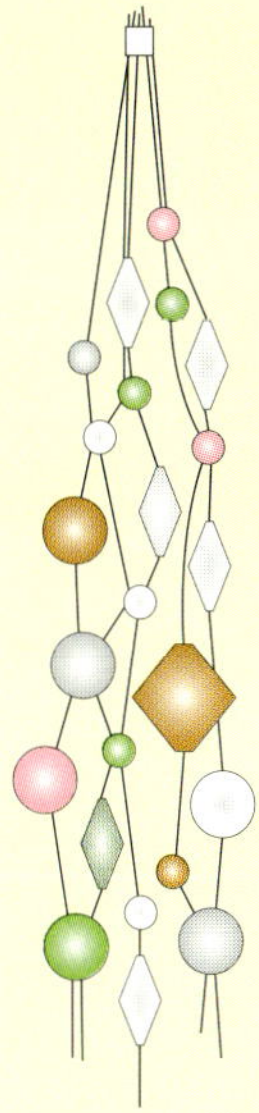

Abb. 2

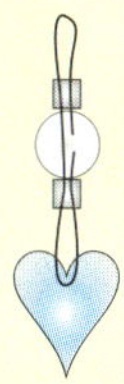

- 2 Ringel in Silber, oval, ø 0,8 mm
- herzförmige Schmuckschließe in Silber, 2 cm breit
- Schmuckdraht in Silber, ø 0,4 mm, 5 x ca. 50 cm lang

ARMBAND

- 30 Glas-Wachsperlen in Weiß, Puderrosa, Kaschmir, Jade und Silbergrau, ø 4 mm
- 18 Glas-Wachsperlen in Weiß, Puderrosa, Jade und Silbergrau, ø 6 mm
- runde Swarovski®-Kristall-Perle, ø 6 mm
- Swarovski®-Kristall-Herz, 14,4 mm x 14 mm
- 3 Quetschperlen in Silber, ø 1,8 mm
- 2 Quetschkalotten in Silber, ø 4 mm
- 2 Ringel in Silber, oval, ø 0,8 mm
- runde Schmuckschließe in Silber, ø 1 cm
- Schmuckdraht in Silber, ø 0,4 mm, 5 x ca. 25 cm lang und 1 x 10 cm lang

Seite 17, 20, 30

Edle Ringe

→ groß und opulent

MATERIAL RING IN BRAUN, GRÜN UND BLAU

- 6 Swarovski®-Perlen in Jade, ø 6 mm
- 6 Swarovski®-Perlen in Nachtblau, ø 4 mm
- runde Swarovski®-Kristall-Perle, ø 6 mm
- 7 Glas-Wachsperlen in Nougat, ø 6 mm
- ca. 20 - 26 Glas-Wachsperlen in Nougat, ø 4 mm
- 8 Rocailles in Türkis, ø 2 mm
- Nylonfaden, ø 0,25 mm, ca. 1 m lang

RING IN BORDEAUX, OLIV UND ROSA

- 6 Swarovski®-Perlen in Olive, ø 8 mm
- 6 Swarovski®-Perlen in Rosa Chiffon, ø 4 mm
- runde Swarovski®-Kristall-Perle, ø 6 mm
- 7 Glas-Wachsperlen in Bordeaux, ø 6 mm
- ca. 20 - 26 Glas-Wachsperlen in Bordeaux, ø 4 mm
- 8 Rocailles in Orange, ø 2 mm
- Nylonfaden, ø 0,25 mm, ca. 1 m lang

1 Eine große Glas-Wachsperle, eine Rocaille, eine große Glas-Wachsperle, eine Rocaille und eine große Glas-Wachsperle aufnehmen und die Fäden durch eine weitere Rocaille, eine große, weitere Glas-Wachsperle und eine weitere Rocaille kreuzen. Alles in die Mitte des Fadens schieben.

2 Auf jeden Faden eine große Glas-Wachsperle und eine Rocaille aufnehmen und durch eine weitere große Glas-Wachsperle kreuzen. Auf jeden Faden eine kleine Swarovski®-Perle aufnehmen und durch eine große Swarovski®-Perlen kreuzen. Auf jeden Faden eine große Swarovski®-Perle aufnehmen und durch eine Rocaille, eine Swarovski®-Kristall-Perle und eine Rocaille kreuzen. Auf jeden Faden eine kleine Swarovski®-Perle aufnehmen und durch die mit schwarzen Pfeilen markierte Rocaille, Glas-Wachsperle, Rocaille kreuzen (Abb. 1).

3 Die Fäden treten beiderseits aus den auf der Unterseite liegenden Rocailles heraus. Die Fäden jeweils durch die kleine Swarovski®-Perle, die wie eine Säule Unter- und Oberseite miteinander verbindet (Achtung: Dieser Arbeitsschritt kann in der Abb. nicht dargestellt werden) nach oben führen. Die Fäden anschließend durch die Rocaille, die Swarovski®-Kristall-Perle und die Rocaille der Oberseite kreuzen. Auf jeden Faden eine große Swarovski®-Perle aufnehmen und durch eine weitere große Swarovski®-Perle kreuzen. Auf jeden Faden eine kleine Swarovski®-Perle aufnehmen und durch die mit Pfeil markierten Glas-Wachsperle kreuzen (Abb. 2).

4 Von dieser, in der Abbildung blau dargestellten, verdeckten Perle ausgehend, die Ringschiene arbeiten. Dazu auf jeden Faden eine kleine Glas-Wachsperle aufnehmen und durch eine dritte kreuzen. Durch Kreuzen in der mit Pfeil markierten Glas-Wachsperle die Ringschiene schließen (Abb. 3) und den Ring gemäß der Anleitung auf Seite 5 fertig stellen.

Tipp: Achten Sie darauf, für Schmuck nur waschbare Rocailles zu verwenden, denn diese verlieren durch das Tragen nicht ihre Farbe.

Abb. 1

Abb. 2

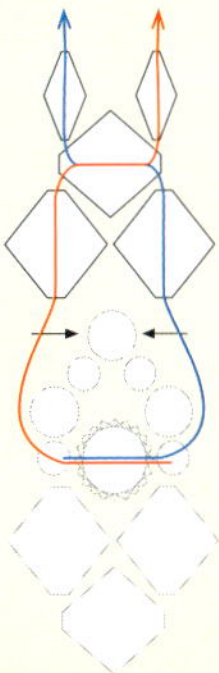

Abb. 3

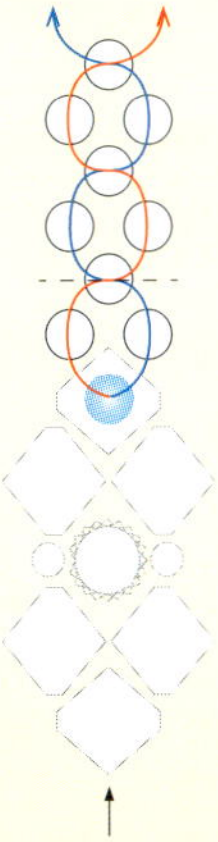

Ring in Braun, Grün und Blau

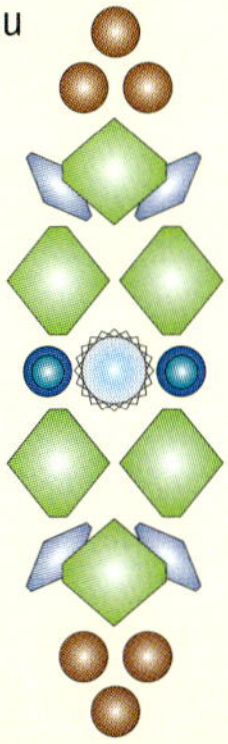

Ring in Bordeaux, Oliv und Rosa

Ringe in Pastellfarben

→ märchenhaft und romantisch

1 Drei der großen Glas-Wachsperlen aufnehmen und durch eine vierte, kleine Glas-Wachsperle kreuzen. Alles in die Mitte des Fadens schieben. Auf jeden Faden eine große, eine kleine und wieder eine große Glas-Wachsperle aufziehen und die Fäden durch eine weitere kleine Glas-Wachsperle kreuzen. Pro Faden eine große Glas-Wachsperle aufnehmen und durch eine dritte, große Glas-Wachsperle kreuzen. Die Fäden so weiterführen, dass sie kreuzend durch die zuletzt aufgenommene, kleine Glas-Wachsperle austreten (Abb. 1).

2 Auf jeden Faden eine kleine Swarovski®-Perle aufnehmen und dann beide Fäden durch die große Swarovski®-Perle bzw. durch den Würfel führen. Die Fäden wieder teilen und auf jeden eine kleine Swarovski®-Perle auffädeln. Dann die Fäden in der gegenüberliegenden, kleinen Glas-Wachsperle kreuzen.

3 Die Fäden durch die als erste aufgenommene Glas-Wachsperle führen und in der letzten Glas-Wachsperle kreuzen. Für die Ringschiene auf jeden Faden eine kleine Glas-Wachsperle aufnehmen und durch eine dritte kreuzen. Zum Schließen der Ringschiene durch die mit Pfeil markierte Glas-Wachsperle kreuzen (Abb. 2). Den Ring gemäß der Anleitung auf Seite 4 fertig stellen.

Abb. 1

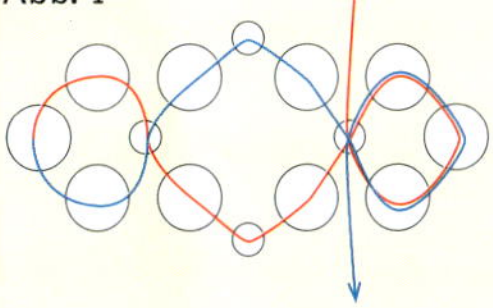

Abb. 2

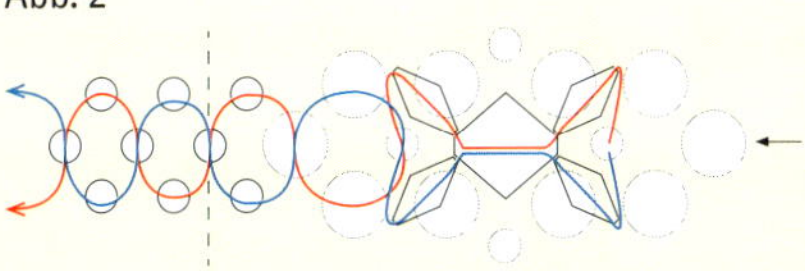

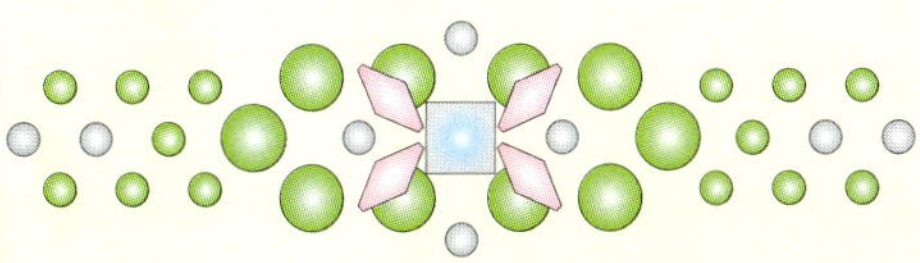

Ring mit Würfel

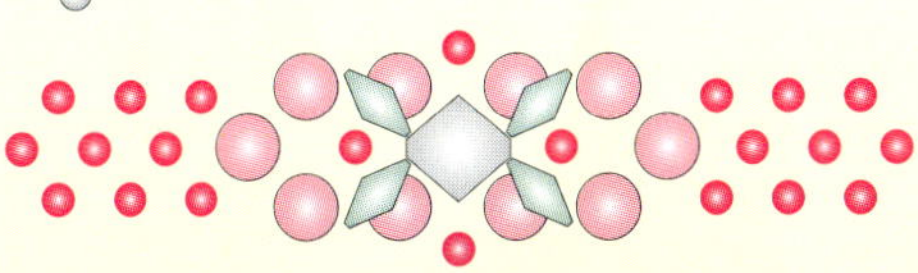

Ring in Rosé

MATERIAL RING MIT WÜRFEL

- Swarovski®-Kristall-Würfel, 8 mm x 8 mm
- 4 Swarovski®-Perlen in Rosa Chiffon, ø 4 mm
- 10 Glas-Wachsperlen in Jade, ø 6 mm
- ca. 12 - 16 Glas-Wachsperlen in Silbergrau, ø 4 mm
- ca. 3 - 5 Glas-Wachsperlen in Jade, ø 4 mm
- Nylonfaden, ø 0,25 mm, ca. 1 m lang

RING IN ROSÉ

- Swarovski®-Perle in Mondstein, ø 6 mm
- 4 Swarovski®-Perlen in Smaragd, ø 4 mm
- 10 Glas-Wachsperlen in Muschelrosa, ø 6 mm
- ca. 15 - 21 Glas-Wachsperlen in Puderrosa, ø 4 mm
- Nylonfaden, ø 0,25 mm, ca. 1 m lang

Seite 12

Seite 26

Modische Brosche

→ peppt jedes Kleidungsstück auf

MATERIAL

- 8 Swarovski®-Perlen in Nachtblau, ø 6 mm
- 8 Swarovski®-Perlen in Mondstein, ø 6 mm
- 5 Glas-Wachsperlen in Amethyst, ø 10 mm
- 4 Glas-Wachsperlen in Amethyst, ø 8 mm
- Nylonfaden, ø 0,25 mm, ca. 1 m lang
- Broschennadel in Silber, 25 mm lang
- Schmuck- oder zwei Komponenten-Kleber

Die Brosche wird genauso wie der Medaillonring auf Seite 17, jedoch aus größeren Perlen, gearbeitet. Keine Ringschiene fädeln, sondern die Fäden vernähen und mit Schmuckkleber gemäß der Herstellerangaben eine Broschennadel auf die Rückseite kleben.

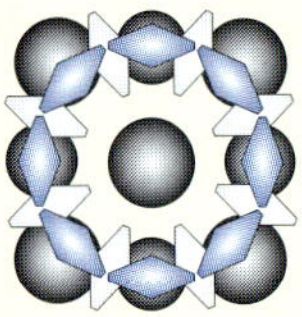

Seite 8

IMPRESSUM

Wir danken der Firma Rayher Hobby GmbH, Laupheim, für die freundliche Unterstützung.

FOTOS: frechverlag GmbH, 70499 Stuttgart; Fotostudio Ullrich & Co., Renningen

DRUCK: frechdruck GmbH, 70499 Stuttgart

Auflage: 5. 4. 3.
Jahr: 2009 2008 2007 2006 [Letzte Zahlen maßgebend]

ISBN 3-7724-3371-5
Best.-Nr. 3371